REMARQUES

SUR

L'HYGIÈNE DE L'HABITATION,

ET

Quelques mots à propos de la Reconstruction
de plusieurs quartiers de la ville de Rouen,

PAR

E. DE LA QUÉRIÈRE,

Membre de l'Académie impériale des sciences, belles-lettres
et arts de Rouen; de la Société d'Émulation du Commerce et de l'Industrie de la
Seine-Inférieure; de la Société impériale des Antiquaires de France, de Normandie
et de Picardie; et de plusieurs autres Sociétés savantes.

ROUEN,	PARIS,
HERPIN, rue Ganterie, n° 18,	AUBRY, rue Dauphine, n° 16,
LE BRUMENT, quai Napoléon,	DUMOULIN, quai des Grands-
n° 45.	Augustins, n° 13.

1862.

Rouen. — Imp. H. BOISSEL, successeur de A. PÉRON, rue de Vicomté, 55.

REMARQUES

SUR

L'HYGIÈNE DE L'HABITATION,

ET

Quelques mots à propos de la Reconstruction
de plusieurs quartiers de la ville de Rouen,

PAR

E. DE LA QUÉRIÈRE.

Il est des vérités qu'on ne saurait trop répéter. Il en est même de banales qui ne peuvent être l'objet d'aucun doute, et qui n'en sont pas moins souvent combattues par la routine, l'indifférence, l'égoïsme ou la cupidité.

Dans ces dernières années, on a beaucoup écrit contre l'insalubrité des logements occupés par la population ouvrière des grandes villes. On a provoqué la destruction de ces logements autant qu'on l'a pu. Qui ne croirait, d'après cette manifestation du sentiment public, que l'on ne verrait plus reparaître de demeures nuisibles à la santé ? C'est cependant ce qui a lieu tous les jours sous nos yeux, quand ce ne serait, par exemple, que les *loges de portier*, dont le nom seul indique la valeur de ces sortes d'habitations (1). Nous croyons donc être utile à nos concitoyens, en leur exposant de nouveau les principes sur lesquels repose l'hygiène de l'habitation, principes que nous avons déjà eu l'occasion de signaler à leur attention.

Le moment de traiter cette question est d'autant plus opportun, qu'une grande partie de la ville est en voie de rénovation, et que les quelques maisons qui se montrent çà et là témoignent déjà, dans leur construction mesquine, de l'oubli ou de l'ignorance la plus profonde de la matière qui est l'objet principal de ce Mémoire.

Généralement, on s'imagine qu'il n'y a de demeures insalubres que celles qui sont construites en contre-bas du sol, qui sont situées dans des rues étroites, humides et privées de lumière. Cependant, dans certains logements ayant une apparence magnifique, sous des lambris dorés, il existe d'autres causes d'insalubrité, dont les bâtisseurs ne se doutent pas, et même beaucoup de praticiens, ce qui est presque incroyable.

Deux principes d'hygiène sont à observer dans la construction d'une habitation : UNE CAPACITÉ D'AIR SUFFISANTE AU JEU DES POUMONS ; UNE VENTILATION CONSTANTE.

Et d'abord, il faut être bien pénétré de cette vérité que la qualité de l'air a une influence immense sur la santé.

« L'air est encore plus nécessaire à la vie que la nourriture, disent les docteurs J.-B. Monfalcon et A.-P.-J. de

---

(1) Nous connaissons dans la ville de Rouen un grand nombre de ces gîtes nouvellement créés, dont les infortunés habitants ont plus d'une fois fait naître au fond de notre cœur une pitié stérile. Là, privés d'espace, d'air et de soleil, ces malheureux sont en proie, eux et leurs enfants, à toutes sortes de maladies, et voués à l'étiolement et au rachitisme. Il y a inhumanité et barbarie à laisser subsister ou se créer de pareils bouges.

Polinière. (*Traité de la Salubrité dans les grandes villes*). S'il est insalubre, les aliments, quelle que soit leur quantité, ne sauraient maintenir les forces et la santé. C'est l'air qui agit d'abord sur nos organes; il pénètre à l'instant dans l'intérieur des poumons; il exerce à tous les moments une action bonne ou nuisible, selon qu'il est d'excellente ou de mauvaise nature. Sa condition n'est jamais indifférente. Selon sa composition, IL EST UN POISON OU UN PRINCIPE DE VIE. Ce n'est pas assez pour la santé de l'homme qu'il soit salubre, *il faut encore que la respiration ait lieu dans une grande masse atmosphérique, et que l'air s'introduise dans le poumon avec un certain degré de force.* »

Voilà pourquoi les habitants des campagnes, respirant l'air ambiant au rebours des habitants des villes qui se renferment dans leurs appartements trop bien clos, sont si forts et si robustes.

On a calculé que chaque individu consomme *six ou sept mètres cubes d'air pur par heure.*

Si nous sommes enfermés dans une pièce close, l'air se vicie à chaque instant en passant par nos poumons; de sorte que, au bout d'un certain temps, il est devenu impur à ce point qu'il n'est plus respirable.

Il faut, en outre, tenir compte de ce fait, que le corps humain agit encore d'une autre manière pour vicier l'air qui l'environne : je veux parler de la *transpiration cutanée et pulmonaire, laquelle exige un volume d'air beaucoup plus considérable que la respiration.* Les vapeurs émises à travers les pores de notre peau et de nos poumons, se dissolvent dans l'air, et sont, sans aucun doute, une cause extrêmement puissante d'insalubrité.

L'odeur désagréable dont on est affecté, en entrant le matin dans une chambre où l'on a couché, alors même que cette chambre est munie d'une cheminée, provient de la transpiration qui a vicié l'air, encore plus, peut-être, que la respiration.

Nous avons dit qu'il est nécessaire *que l'air s'introduise dans les poumons avec un certain degré de force.* Voilà pourquoi l'habitation d'un entresol, c'est-à-dire d'une pièce qui n'a que deux mètres et demi, et le plus souvent beaucoup moins encore de hauteur sous le plafond, est funeste à la santé, même avec la ventilation opérée par une cheminée. Il convient donc d'avoir des plafonds élevés, pour que la respiration, rendue facile par une puissante colonne d'air, laisse leur libre jeu aux poumons.

Il y a des personnes qui couchent dans des alcôves dont elles ont fait abaisser le plafond exprès pour avoir plus chaud, disent-elles. Tous les matins, ces personnes, notamment les femmes, dont les organes sont plus délicats, se plaignent d'oppression, de maux de tête, sans se douter qu'elles-mêmes ont contribué à leur malaise, en diminuant le volume d'air respirable pendant la nuit.

Une autre cause de viciation de l'air est celle qui est produite par les lumières artificielles. On a calculé que pour une chandelle, ou pour une bougie des six au demi kilogramme, il faut un tiers de mètre cube d'air par heure, et un mètre cube et un quart pour une lampe gros bec. Ainsi, dans un salon éclairé par quatre gros becs de lampe et par six bougies, la consommation d'air sera de *sept mètres cubes* par heure, comme pour une personne.

Il est incontestable qu'une salle dont le plafond est élevé, l'aire basse fût-elle resserrée dans son pourtour, sera infiniment plus salubre que telle autre pièce à plafond écrasé, quand bien même cette dernière aurait une aire très étendue en longueur et en largeur. Nombre de personnes délicates ne peuvent habiter des appartements trop bas, parce que l'air, rendu impur par l'acte de la respiration, tend à s'élever, et que si cet air méphitique est retenu par la dépression d'un plafond, il entre de nouveau dans la respiration. Alors, les poitrines susceptibles d'irritation et d'échauffement s'en trouvent presque toujours gravement affectées, ainsi que nous avons eu malheureusement bien des fois occasion de le reconnaître dans les salles à manger, et surtout pour les cas d'asthme nerveux.

Voici la raison que donne de ce fait un praticien distingué, M. Péclet : « *l'air qui a servi à la respiration, ou qui a été en contact avec le corps*, étant à une température voisine de trente degrés, tend à s'élever. Alors, il se produit, de bas en haut et de haut en bas, de doubles courants qui abaissent successivement toutes les couches d'air respirables. C'est pour cela que, à égalité de contenance, *les pièces élevées sont beaucoup plus salubres que les pièces surbaissées* dont la longueur et la largeur sont considérables. Cependant, lorsque la foule est compacte, le volume d'air respirable d'une grande salle est promptement absorbé. »

Ce phénomène explique pourquoi on voit très souvent des jeunes filles tomber en syncope, les jours de solennité, dans les chapelles des pensionnats, généralement petites, et surtout beaucoup trop basses, tandis que pas une n'éprouve d'indisposition dans les cathédrales et les grandes et hautes églises de paroisse, quelle que soit l'affluence des fidèles.

Tout ce que nous venons d'exposer est d'une évidence palpable ; cependant ceux dont les organes respiratoires n'ont éprouvé aucune lésion, ne se doutent pas qu'un air rendu impur par l'expiration pulmonaire puisse être un sujet d'incommodité, et même de souffrance. Beaucoup de ces personnes se claquemurent dans de petits appartements, et, pour se garantir du froid, elles ont soin de tenir tout bien clos, afin d'empêcher l'introduction de l'air extérieur. Heureusement, en dépit d'elles, l'air qu'elles s'efforcent de repousser leur arrive suffisamment encore pour leur épargner l'asphyxie (1).

Il est donc très essentiel que les pièces habitées aient une hauteur suffisante sous leur plafond ; et, en outre, qu'elles soient livrées à une ventilation permanente et insensible, pour que cette ventilation ne soit pas incommode. Une cheminée fait cet office de ventilateur de la manière la plus naturelle et, en même temps, la plus utile. Nous disons une cheminée, et non pas un de ces tuyaux en terre cuite d'invention toute récente, qui remplacent abusivement aujourd'hui, et trop souvent, les corps de cheminées ordinaires, et dont l'emploi économique ne compense pas les nombreux inconvénients.

Un grand nombre de personnes, de femmes surtout, ne peuvent demeurer dans des appartements chauffés au

---

(1) Il y a des gens qui, par la même raison qu'ils ont conservé leurs poumons dans toute leur force, se refuseront à croire ce que, malheureusement encore, j'ai eu de nombreuses occasions d'observer de l'immense influence de la Seine sur le climat du territoire de la ville de Rouen. Cette influence est telle que beaucoup d'étrangers ne peuvent s'y accoutumer qu'à la longue ; elle s'étend jusqu'à 5 kilomètres des bords du fleuve. Ainsi, les personnes qui ont la poitrine délicate, ou qui sont sujettes à l'asthme nerveux, n'éprouveront pas un soulagement complet à habiter Canteleu, le Mont-aux-Malades, Blosseville-Bonsecours, le Boisguillaume, mais seulement en deçà de l'église de ce village, limite où s'arrêtent les brouillards de la Seine. Ces brouillards n'exercent plus leur action sur les organes de la respiration chez les personnes d'une complexion maladive, au-delà du Pont-de-l'Arche, point où s'arrête la marée.

Je profiterai de l'occasion pour constater ici une autre remarque, résultat de mes observations : c'est qu'il y a des individus, des femmes qui ne peuvent respirer l'air humide qui règne sur nos quais, et qu'il y a une différence très sensible entre se promener le long des façades du port, et se promener en s'en éloignant vers la chaussée et les bords du fleuve.

moyen de poêles, parce que la température y est beaucoup plus élevée que dans des appartements chauffés par une cheminée ordinaire ; et que, en outre, l'état hygrométrique s'y trouve considérablement abaissé par suite de la raréfaction de l'air et de la vapeur d'eau qu'il contient ; ce qui occasionne, d'une part, un refoulement du sang vers la tête, et, de l'autre, un dessèchement des poumons rendant la respiration pénible.

Il faut ajouter que, dans une pièce chauffée par un poêle, il n'y a pas, à proprement dire, renouvellement de l'air, les fissures des portes et des fenêtres n'y laissant pénétrer que la quantité d'air qui est nécessaire pour l'alimentation du foyer. Il existe la ressource des vasistas, mais on se garde de les employer, parce qu'il faudrait qu'ils fussent placés à quatre ou cinq mètres au-dessus de l'aire basse pour que l'on n'en fût pas incommodé.

Cependant, s'il existe dans la pièce habitée une cheminée, en la laissant ouverte, au lieu de la boucher comme on a la très mauvaise habitude de le faire, on obtiendra le même résultat.

L'édilité de Paris, justement effrayée du progrès de la spéculation dans la construction des maisons, a voulu mettre un terme à l'avidité égoïste des entrepreneurs de bâtisses, qui, pour avoir le plus grand nombre possible de locataires, multiplient les étages, par là devenus d'un écourtement extrême. En conséquence, elle a décidé qu'on ne pourrait construire *aucun* étage au-dessous du minimum de 2 mètres 60 cent. de hauteur sous le plafond. Une telle modération dans cette limite minimum a eu pour objet, sans doute, de ne pas faire jeter les hauts cris aux propriétaires spéculateurs. En la portant à 3 mètres, les entresols n'eussent plus été tout-à-fait inhabitables.

Nous l'avons déjà dit et écrit, et nous ne cesserons de le répéter : comme logements, les entresols devraient être *interdits*. C'est une combinaison mesquine, dont il faut restreindre l'application aux palais et aux hôtels, pour y placer le commun, la lingerie, la fruiterie, les salles de bains, etc. Rien de plus pernicieux qu'un entresol : le soleil n'y peut pénétrer, on y perd la vue, le jour y venant de bas en haut ; la poitrine et l'estomac s'y trouvent sous le coup de graves lésions, par le défaut d'une aération suffisante, même avec la présence d'une cheminée, puisqu'il est nécessaire que l'air s'introduise dans le poumon avec un certain degré de force (*voy.* p. 228); ce qui ne peut avoir lieu dans des chambres trop basses sous leur plafond. Et qu'est-ce donc qu'un entresol en cas de maladie? Un véritable foyer d'infection; un tombeau anticipé.

La spéculation seule favorise ce mode de construction. On le trouve assez bon pour loger les marchands en boutique, de même que l'on croit les portiers assez bien gîtés dans les espèces de cachots qu'on leur donne sans nul souci de ce qui peut en résulter pour leur santé.

Les dortoirs des établissements religieux, civils, militaires, les classes des écoles primaires, celles des pensionnats, les salles d'asile pour l'enfance, les salles d'hôpital, les salles d'audience, les amphithéâtres des cours publics (1) et autres lieux de réunion, les ateliers de toute

---

(1) Le chœur des religieuses de l'ancien couvent de la Visitation, premier monastère, offrait du sol à la voûte, et dans toute son étendue, un local très convenable à l'établissement d'un amphithéâtre commode et spacieux. On a trouvé, apparemment, qu'il serait trop magnifique, et l'on a agi comme aurait fait un bâtisseur-spéculateur. En conséquence, au lieu d'un seul amphithéâtre, on en a fait deux; au lieu de laisser à ceux-ci toute la hauteur de la chapelle, on a établi un plancher au-dessous de la voûte pour s'y procurer des logements.

Qu'est-il arrivé ? Que ces deux amphithéâtres, comme celui qui

espèce, les bureaux des administrations, les comptoirs des négociants et des banquiers, les magasins et boutiques des marchands sont généralement établis, dans notre pays, sur des données qui ne peuvent que devenir extrêmement funestes à la santé.

Aussi, M. le ministre de l'Instruction publique, ému des dangers que courent les enfants dans des salles d'une construction vicieuse sous le rapport hygiénique, a pris l'arrêté suivant :

« La salle des classes sera construite sur cave, plancheïée, bien éclairée, accessible aux rayons du soleil, et *telle surtout* que la disposition des fenêtres, garnies chacune d'un vasistas, permette de renouveler l'air facilement.

« L'aire des classes doit présenter par élève une surface de *un mètre carré, et une hauteur de quatre mètres*. L'expérience et la théorie démontrent que toute salle de classe construite dans ces proportions se trouvera dans de bonnes conditions hygiéniques.

« On tolérera cependant une hauteur de trois mètres 30 cent. dans les maisons qui ne seront pas construites à neuf.(1). »

Si l'on passe en revue la plupart de nos maisons, on

existe sur la rue Beauvoisine, sont trop souvent insuffisants pour contenir les nombreux auditeurs qui attendent impatiemment dans la cour l'ouverture des portes. Heureux alors ceux qui peuvent y trouver place sans être obligés d'en sortir par le défaut d'aération de la salle, ou bien parce qu'un courant d'air froid vient pernicieusement les saisir.

L'idée d'une ventilation incessante, et en même temps insensible, n'est pas venue à l'idée de l'architecte qui, au lieu de profiter de l'immense avantage d'un emplacement créé en quelque sorte pour la destination qu'on avait à lui donner, l'a gâté si malheureusement.

(1) Arrêté pris le 14 juillet 1858.

verra, qu'au rebours de ce qui existe dans beaucoup d'autres grandes villes, les plafonds sont partout trop écrasés, et que l'absence d'aération s'y fait sentir, notamment depuis qu'une économie de combustible, très mal comprise, a fait supprimer totalement les cheminées dans les bureaux et les salles à manger, ou bien les a converties en poêles, en calorifères, s'opposant à toute ventilation, et raréfiant l'air de telle sorte que les poitrines délicates s'en trouvent offensées.

Le défaut de renouvellement d'air, a dit Cabanis, médecin et écrivain célèbre du siècle dernier, est une cause de maladies; et il a cité en preuve qu'en Angleterre, les tachygraphes placés dans les tribunes élevées de la salle du Parlement *meurent presque tous en peu de temps de fièvres malignes.*

A Paris, lors du choléra, on a remarqué que *les alcôves, les logements trop étroits, ceux où l'air n'était pas renouvelé, étaient précisément* ceux où les cas de choléra étaient les plus graves; et qu'il y avait une relation presque constante *entre la gravité des symptômes et l'exiguïté des lieux habités.*

Les passages couverts où l'on établit des logements et des boutiques (1) sont, comme les entresols, une invention moderne très-préjudiciable à la santé, et sur laquelle il serait à désirer que l'autorité supérieure exerçât son contrôle, pour assurer l'emploi de mesures hygiéniques qui les rendissent moins insalubres.

Un fait que je citerai *de visu* et *de sensu,* vient à l'appui de ce principe qu'il ne suffit pas qu'une pièce habitée soit

---

(1) Il y a déjà quelques années, on a créé à Fécamp un passage dans lequel l'exiguïté extrême des logements accuse, de la part du propriétaire, une parcimonie incroyable. Cette construction est d'une insalubrité notoire.

vaste et élevée sous son plafond, pour qu'elle se trouve dans les conditions prescrites par l'hygiène.

Admis avec quelques amis à visiter la caserne d'infanterie récemment établie dans le local de l'ancienne maison de détention, dite de Bicêtre, autrefois le dépôt de mendicité, les personnes qui m'accompagnaient et moi, nous fûmes suffoqués par l'air nauséabond qui s'exhalait d'un des dortoirs, le plus vaste cependant de la caserne. Ce dortoir, en effet, a de belles et larges proportions; il est situé au dernier des étages pratiqués dans l'ancienne église du noviciat des Jésuites, destination première de cette maison, et présente la forme d'un T occupant la nef et les deux bras de la croix.

Ce dortoir mesure en longueur. . . . 20 m. 35 c.
—   — en largeur . . . . 8 m. 50 c.
L'étendue des deux bras de la croix est de 13 m. 10 c.
La hauteur de cette pièce sous clé de voûte est d'au moins . . . . 8 m. 50 c.

L'ordre et la propreté semblaient s'y trouver réunis. Les lits étaient faits; le balai et la brosse avaient passé partout... Qu'y manquait-il donc? La chose la plus essentielle : *l'aération*.

Cependant des fenêtres assez élevées au-dessus de l'aire basse existent. On pourrait, assurément, les ouvrir au moins pendant le jour ; mais, soit par négligence, soit à cause de l'incommodité qui résulterait d'un air froid ou humide arrivant brusquement du dehors, ces fenêtres demeurent fermées.

Pour y suppléer jour et nuit, et pour parer aux dangers d'un air corrompu et délétère, il n'y a pas d'autre remède que la construction de puissants ventilateurs agissant comme le feraient de grandes et larges cheminées, qu'il faudrait même préférablement établir, en les combinant avec des ventilateurs. Alors, *une ventilation perma-*

nente et insensible, indépendante de tous soins et de la volonté des individus s'établissant, ce vaste dortoir, ainsi que les autres chambres dont on changerait de même les détestables conditions, ne seraient plus exposés à ces miasmes morbifiques qui agissent si pernicieusement sur les principaux organes de la vie (1).

On a dit que cette ancienne maison du noviciat des Jésuites était malsaine. La vérité est qu'elle a été construite sur un terrain bas et humide. Les pièces du rez-de-chaussée en sont évidemment insalubres, par suite de l'humidité qui règne sous le sol, quoique l'aire soit carrelée.

Aujourd'hui, la science est assez avancée pour combattre victorieusement ces causes d'insalubrité ; et il suffit de les signaler à l'autorité supérieure pour qu'elle s'empresse, à n'en pas douter, de les faire disparaître. Nous l'espérons d'autant plus que la dépense serait relativement peu importante.

Nos pères étaient loin de jouir des douceurs de notre existence actuelle (2). Ils laissaient l'air circuler librement

(1) Après de nombreuses expériences, M. le général Morin a réclamé dans les hôpitaux, pour chaque individu *et par heure*, *le jour et la nuit*, une moyenne de 80 mètres d'air pur ; de 120 mètres dans les salles de chirurgie, aux heures de pansements ; 60 mètres dans les ateliers ; 20 *mètres dans les casernes pendant le jour*, et 60 *mètres pendant la nuit* ; enfin, 30 *mètres pour les écoles*. Pour un individu isolé, la proportion doit varier entre 10 et 20 mètres, suivant les conditions de santé et d'habitation. (*Journal des Débats* du jeudi 17 juillet 1862.)

(2) Voyez les anciennes salles capitulaires, les réfectoires des anciens monastères... Les magnifiques salles du Parlement à Rouen étaient munies de grandes cheminées qui servaient à leur ornementation comme à leur aération, et que l'on a supprimées bien à tort. Les salles des malades de l'ancien Hôtel-Dieu d'Orléans mesuraient en hauteur, pour chacun des deux étages superposés, 7 mèt. 60, c'est-à-dire 23 à 24 pieds, et chaque salle possédait une cheminée à l'une et à l'autre de ses extrémités.

partout, dans les cours de leurs maisons, dans leurs galeries, dans leurs greniers, dans leurs escaliers. Leurs boutiques étaient totalement ouvertes; elles n'avaient pas assurément le confortable auquel nous sommes habitués à présent; toutefois, il est certain que la santé de ces braves marchands et de leurs commis, se battant les flancs lorsque le froid sévissait trop fort, était infiniment moins compromise que celle de nos *négociants* d'aujourd'hui et de leurs *employés*, dans leurs *magasins* si bien clos, si bien chauffés, dont l'air presque jamais renouvelé est constamment à l'état de décomposition et chargé de miasmes. Au moins, les premiers respiraient l'air ambiant, et leur robuste tempérament n'était pas exposé à dépérir.

Mais puisque la civilisation dans ses progrès, et une aisance plus généralement répandue, nous ont accoutumés à une vie plus douce; puisque le moindre vent qui souffle à nos oreilles nous incommode; puisqu'il nous faut aujourd'hui des appartements et des escaliers bien clos, que l'intérieur de nos demeures soit donc établi d'une manière conforme à nos nouvelles habitudes. Si d'un coté nous nous sommes retiré l'air si nécessaire à notre santé et à notre existence, sachons du moins nous le redonner d'un autre côté.

La municipalité de Rouen a sagement fixé un minimum de hauteur pour les étages des maisons à construire sur les rues nouvellement ouvertes, dites de l'Impératrice et de l'Hôtel-de-Ville. Ce minimum est fixé ainsi :

3 mèt. 50 pour le rez-de-chaussée et le 1er étage.
3 — 30 pour le 2e.
3 — » pour le 3e.
2 — 80 pour l'entresol, ou étage supplémentaire.

Assurément, ces mesures sont fort modérées, et dans certaines villes de France, comme Douai, Lille, Valenciennes, etc., elles paraîtraient bien courtes ; une pareille prescription y serait inutile, et même funeste en quelque sorte, elle tendrait à refouler dans les esprits les idées d'art et de goût qui y règnent, puisque la plupart des maisons, surtout dans cette dernière ville, ont 4 et 5 mètres au rez-de-chaussée, sans entresol (on n'y connaît point heureusement l'entresol) ; 4 et 5 mètres au premier étage ; 4 mètres au deuxième, ainsi des autres proportionnellement. Mais à Rouen, où toute dépense n'est jugée que pour ce qu'elle peut rapporter (et j'en ai honte pour mes concitoyens), et non sous le point de vue de la science et des bonnes proportions, assurément ces données sont encore acceptables. Ceux qui voudront se bâtir des hôtels ou de belles maisons seront toujours libres de se livrer tout entiers à leur amour des grandes et nobles choses.

Il serait fort désirable qu'il fût interdit d'élever *aucun* étage au-dessous de 2 mètres 80 de hauteur à toutes les maisons en général, afin que la santé des citoyens ne fût pas compromise par l'habitation de pièces infiniment trop basses et par conséquent malsaines, où le soleil ne peut pénétrer et d'où il ne peut enlever l'humidité.

En dehors des villes que nous venons de citer, il faut placer Amiens, qui toutefois, sous le rapport des constructions privées, et aussi des constructions publiques, peut servir, à beaucoup d'égards, d'exemple à la ville de Rouen.

A Amiens, donc, le rez-de-chaussée des maisons bourgeoises et des maisons à boutiques mesure en général 4 mètres ; le premier étage, également 4 mètres ; le deuxième, 3 mètres 50. Nous ne parlons pas des hôtels qui sont hors ligne, et qui s'y trouvent en grand nombre.

Nous nous abstenons de parler de Paris, parce que la presque totalité des maisons que l'on y bâtit sont livrées à la spéculation, et présentent nombre d'étages empilés les uns sur les autres, dont les proportions sont forcément très écourtées.

A raison de ce que les boutiques, au temps présent, sont tout-à-fait closes ; qu'elles présentent très souvent une aire basse restreinte ; que leur éclairage, le soir, absorbe une grande quantité d'air vital, il convient de leur donner la plus grande hauteur possible, sous le plafond, avec vasistas (1). Cette hauteur ne peut être moindre de 4 mètres. Quant aux magasins équivalant à la réunion de trois ou quatre boutiques, 5 mètres ne seraient pas toujours suffisants, et il conviendrait, selon l'occurrence, d'en porter la hauteur à 5 mètres 33, et même jusqu'à 6 mètres, toujours avec ventilation.

Les particules imperceptibles qui s'échappent des étoffes ou autres marchandises, que l'on plie et que l'on déplie sans cesse dans un magasin, et forment cette poussière extrêmement ténue qui flotte dans l'espace ; l'odeur propre à chaque objet ; l'exhalation pulmonaire et cutanée des individus, à quoi il faut ajouter le nombreux luminaire, sont autant de causes qui vicient ou absorbent l'air vital.

(1) Les mêmes principes d'hygiène doivent s'appliquer à nos *cafés*, lesquels, à l'exception du *Café Dubiez*, situé à l'angle du quai du Havre et du boulevard de Cauchoise, sont pour la plupart de vrais étouffoirs, surtout le *Café du Commerce*, très fréquenté, situé place Impériale, à l'angle de la rampe ouest du Pont-de-Pierre. Cette piètre maison, à étages rabougris, a été bâtie, comme toutes celles de la même place, sur les plans des ingénieurs des ponts et chaussées, et sur leur ordre impératif confirmé par une décision judiciaire, malgré l'opposition bien naturelle du propriétaire, que l'on a obligé de construire une habitation contraire à toutes les règles de l'art, du goût, et surtout de l'hygiène, précisément à l'entrée principale de la ville.

Les ingénieurs s'étaient trompés dans leurs opérations de nivellement : ils n'ont pas voulu ou ils n'ont pu empêcher les conséquences très fâcheuses de leur bévue.

C'est aussi 4 mètres que nous donnerions, au *minimum*, au rez-de-chaussée des maisons bourgeoises ordinaires. La hauteur du premier étage serait aussi de 4 mètres; celle du deuxième, de 3 mètres 60; du troisième, de 3 mètres; du quatrième ou de la mansarde, de 2 mètres 80. C'est sur ces mesures *minimum* que nous aimerions à voir reconstruire les maisons qui remplaceront celles que l'on vient de démolir.

Si l'on compare deux façades de même hauteur sous la même corniche, l'une présentant trois ou quatre étages d'une assez bonne proportion, l'autre, en présentant quatre ou cinq, mais étriqués, on verra que le bâtisseur de cette dernière maison n'aura, en définitive, gagné qu'un étage d'une valeur médiocre, quand il aura sacrifié à un avantage plus spécieux que réel la commodité de ses appartements et l'agrément extérieur de son habitation, qu'il aurait pu rendre, à peu de frais, conforme aux principes de l'art, aux règles du goût et de l'hygiène.

Nous en dirons autant de certains propriétaires, bâtissant pour eux-mêmes, qui, dans une dépense totale de cent mille francs, par exemple, veulent se ménager une épargne de quelques mille francs par des économies fort mal entendues sur la nature des matériaux, sur l'épaisseur des murs, et principalement sur la hauteur des étages, mais qui n'épargneront rien pour la recherche d'un luxe intérieur que l'on peut toujours se procurer quand on veut, tandis que si la construction pèche en quoi que ce soit de sa masse ou de ses proportions, il sera impossible d'y remédier.

Nous nous permettrons à ce sujet de rappeler quelques règles d'esthétique concernant la construction des maisons particulières, règles qui semblent méconnues de la plupart des hommes qui pratiquent l'architecture, art si difficile à exercer avec succès.

Les fenêtres du premier étage, qui est le bel étage, et celles du rez-de-chaussée, doivent avoir deux fois leur largeur en hauteur au-dessus de l'appui de 90 centimètres, que cet appui existe ou n'existe pas, et être garnies de huit carreaux de vitre égaux, à moins qu'on ne descende ces fenêtres au-dessous des 90 centimètres de l'appui, car alors il en faudrait dix. Les vitres ne doivent pas être carrées, mais un peu oblongues.

Depuis un certain nombre d'années, nos architectes rouennais ont imaginé de raccourcir le carreau supérieur, qui est dormant et sert d'imposte. Ce raccourcissement plus ou moins considérable du dernier carreau se répète à tous les étages et produit un effet détestable. Ceci ne se voit qu'à Rouen, et non dans les autres villes, où le goût est plus épuré.

Nous pensons qu'il ne faut pas multiplier les fenêtres sans nécessité. Trop nombreuses, elles font, des appartements, des serres chaudes en été et des glacières en hiver, surtout quand on les fait descendre presque sur le plancher.

Nous jugeons dans notre climat l'établissement de balcons nuisible à la solidité des maisons, principalement à l'exposition du Sud et de l'Ouest. Nous les tenons comme dangereux, quand ils ne sont pas construits en pierre, ou qu'ils n'ont pas un mètre de hauteur. Le plus souvent, pour masquer le défaut d'élévation des pièces et pour leur donner extérieurement une importance qu'elles n'ont pas, on allonge les fenêtres aux dépens de leur appui; sans cet artifice, qui, du reste, ne peut tromper l'œil le moins exercé, ces fenêtres auraient une forme écourtée et maussade.

Nous préférons de beaucoup, pour les maisons particulières, des appuis pleins, moins coûteux, plus solides, et n'offrant aucun danger, avec 90 ou 95 centimètres de hauteur, en réservant les balcons pour les palais et pour les hôtels.

Un appui de 90 centimètres, au moins, est nécessaire pour que les fenêtres puissent s'ouvrir aisément, sans que l'on soit obligé de déplacer et fauteuils et chaises et tables, et bureaux, que l'on y aurait appliqués. Un appui trop bas offre donc une grande incommodité, et des dangers véritables pour les enfants. Cette incommodité est encore plus grande dans les pièces du rez-de-chaussée, où l'on éprouve, en outre, le désagrément d'être vu et entendu de tous les passants. Par-là ces mêmes appartements sont convertis en espèces de boutiques. Autrefois on élevait, dans un grand nombre de localités, et l'on élève encore fort judicieusement aujourd'hui, le socle des maisons de belle apparence de un mètre et demi à deux mètres jusques sous les fenêtres, ce qui devrait toujours avoir lieu.

Beaucoup de ceux qui bâtissent, oublient fréquemment un principe rationnel et élémentaire de l'art. Ils mettent le bandeau, qui sert souvent à séparer les étages d'une maison décorée simplement, non à la hauteur du plancher qu'il est censé représenter, mais à l'appui des fenêtres, ce qui constitue un faux et un contre-sens. La raison est blessée d'une pareille transposition, et l'imagination s'effraie à la pensée qu'un habitant de la maison pourrait se jeter par sa fenêtre en l'ouvrant. Ce défaut capital peut être aisément corrigé par un autre bandeau, occupant la place où le premier aurait dû être mis; certaines façades tout unies se montrent quelquefois avec avantage, décorées de ces deux bandeaux.

Il est de la plus complète évidence que, dans notre climat, une toiture à inclinaison rapide est infiniment plus solide et qu'elle a une durée beaucoup plus prolongée qu'une toiture à pente très douce; celle-ci est exposée à des dégradations incessantes. Les ardoises que le vent soulève et détériore, restent humides et se délitent promptement. Les ouvriers chargés de les réparer y pèsent de tout leur poids et du poids de leurs échelles, ce qui n'a pas lieu sur les couvertures à combles aigus, parce que le point d'appui des hommes et des échelles se trouve dans les gouttières mêmes. Ces ouvriers, pour remplacer cinq ou six mauvaises ardoises, en casseront une vingtaine. D'année en année, la condition de la couverture deviendra pire, jusqu'à ce qu'il faille enfin la renouveler en entier.

Voilà à quoi sont exposés des propriétaires trop économes qui ne se doutent pas des conséquences de leur faux calcul. Ils ont voulu s'épargner quelques centaines de francs, et plus tard, il leur en faudra dépenser plusieurs milliers.

En adoptant pour les combles le tiers point, c'est-à-dire le triangle équilatéral, on leur donnera une pente suffisante pour garantir aux couvertures une longue durée.

Puisqu'aujourd'hui la mode est revenue de placer des crêtes et des épis sur les faîtages, il est indispensable de donner aux toits la plus grande hauteur possible ; sans cela, la *renaissance des décorations des combles*, à laquelle nous croyons ne pas avoir été étranger, serait un non-sens.

Ce que nous avons dit du grave inconvénient des toitures trop plates s'applique aux terrasses, dont l'emploi ne peut avoir lieu, sans qu'on soit exposé à de grands dommages, ailleurs que dans les contrées méridionales.

Il y aurait sagesse de la part de l'administration municipale à déterminer un minimum de profondeur, applicable aux maisons à bâtir comportant plusieurs étages, lequel pourrait être fixé à sept mètres. Alors nous ne serions plus exposés à voir se renouveler le scandale de maisons, telles que celles que l'on a laissé construire dans la rue Saint-Nicolas, à l'encoignure de la rue des Carmes; dans la rue Impériale et la rue du Loup; et tout près de là, sur un reste ignoble de la rue de la Croix Verte, précisément au cœur de la cité, dans la partie de la ville maintenant la plus fréquentée, maisons dont les logements se trouvent dans des conditions hygiéniques détestables sous tous les rapports.

Il y aurait aussi de la part de l'autorité supérieure une prévoyance louable à fixer un minimum, celui de cent mètres, par exemple, de distance, d'une nouvelle rue à une autre rue, afin que les terrains ne se trouvent pas morcelés outre mesure, de telle sorte qu'il ne serait plus possible d'y fonder des établissements de quelque importance, comme on le voit déjà au faubourg Saint-Sever, dans les prairies qui bordent la rue Lafayette. Un autre inconvénient de ce morcellement de terrains, c'est d'exposer les habitations à être privées d'air et de soleil par leur trop grand rapprochement.

En Angleterre, un bill de l'année 1844 prescrit de réserver une cour intérieure d'au moins *cent pieds superficiels*, à moins qu'il ne soit justifié d'une ventilation suffisante *de chaque chambre par des prises d'air et de jour* sur la voie publique; et à Londres, la voie publique n'a pas moins de quarante pieds de largeur.

A Paris, on bâtit aujourd'hui d'après les mêmes principes. Beaucoup de maisons possèdent une cour sur laquelle s'élèvent des corps de logis. Il en devrait être ainsi à Rouen, où nous aimerions que l'on obligeât les constructeurs des nouvelles rues à réserver une cour intérieure spacieuse.

Sans demander que les grands travaux de reconstruction dans la ville de Rouen nous offrent des palais ou des maisons comme on en voit à Gênes, à Florence, à Milan, nous bornerons nos vœux à posséder l'équivalent de ce qui existe dans presque toutes les grandes villes de France et de Belgique. Ce serait une compensation à la perte très regrettable que nous avons faite d'anciens monuments qui pouvaient demeurer encore debout de longues années, et que l'on pouvait approprier à un service public, et aussi d'hôtels et de maisons importantes d'une valeur artistique sans pareille. Il est cependant permis de craindre que les efforts constants de l'administration supérieure n'éprouvent des obstacles insurmontables, et que nous ne soyions condamnés fatalement à voir se reproduire les mêmes pauvretés, les mêmes chefs-d'œuvre d'ignorance et de mauvais goût par lesquels on a cru décorer et embellir la ville.

Déjà, dans nos rues nouvellement percées ou élargies, se sont élevées des maisons, qui diffèrent uniquement par leur blancheur des maisons sombres et caduques qu'elles ont remplacées; mais qui n'offrent aucune supériorité sur celles-ci sous le rapport de l'art, de leur appropriation à nos besoins actuels et de la salubrité.

Un moyen puissant d'assainissement qui manque à notre cité, que le vœu des habitants appelle depuis longtemps, et qui, enfin, a éveillé la sollicitude de nos édiles, c'est l'établissement de forts courants d'eau, balayant nos ruisseaux, et entraînant les immondices engagées dans les aqueducs. Ces aqueducs ne sont nettoyés que rarement et accidentellement par des averses, dont les eaux s'écoulent en torrents impétueux ; hormis cette circonstance, les bouches de ces aqueducs exhalent presque constamment des miasmes aussi désagréables à l'odorat que nuisibles à la santé publique.

Avec nos fontaines ordinaires, qui, malheureusement depuis plusieurs années, nous font défaut, et que les plus louables efforts cherchent à alimenter par de nouvelles sources, il faudrait d'autres fontaines supplémentaires donnant de l'eau en grande abondance : c'est là un besoin indispensable pour la population d'une grande ville.

Espérons donc que Rouen, dont la situation est admirable, dont la population est nombreuse, active et intelligente, dont les monuments publics sont des plus remarquables de l'Europe, ne laissera bientôt plus rien à désirer dans ses constructions privées sous le rapport des conditions d'esthétique, d'utilité et d'agrément, qu'une civilisation très avancée exige aujourd'hui pour la demeure de ses citoyens, et sous celui de la salubrité des habitations, qui est une conséquence de la propreté, et d'une application bien entendue des lois de l'hygiène.

www.ingramcontent.com/pod-product-compliance
Lightning Source LLC
Chambersburg PA
CBHW070527050426
42451CB00013B/2887